Happy Birthday!

MW00892471

Date of Party

Good Times

Good Times

Guest Name

Special Message

....

....

....

....

....

....

....

....

....

....

....

....

....

....

....

....

....

....

....

Guest Name

Special Message

Guest Name

....

....

....

....

....

....

Special Message

....

....

....

....

....

....

....

....

....

....

....

....

....

....

Guest Name

....

....

....

....

Special Message

....

....

....

....

....

....

....

....

....

....

....

....

....

....

....

Good Times

Good Times

Guest Name

....

....

....

....

....

....

Special Message

....

....

....

....

....

....

....

....

....

....

....

....

....

....

Guest Name

··

··

··

··

··

Special Message

··

··

··

··

··

··

··

··

··

··

··

··

··

··

Guest Name

....

....

....

....

....

....

Special Message

....

....

....

....

....

....

....

....

....

....

....

....

....

....

....

Guest Name

Special Message

....

....

....

....

....

....

....

....

....

....

....

....

....

....

....

....

....

....

Good Times

Good Times

Guest Name

....

....

....

....

....

Special Message

....

....

....

....

....

....

....

....

....

....

....

....

....

....

....

Guest Name

....

....

....

....

Special Message

....

....

....

....

....

....

....

....

....

....

....

....

....

....

Guest Name

Special Message

....
....
....
....
....
....
....
....
....
....
....
....
....
....
....
....

Guest Name

Special Message

....

....

....

....

....

....

....

....

....

....

....

....

....

....

....

....

Good Times

Good Times

Guest Name

....

....

....

....

....

....

Special Message

....

....

....

....

....

....

....

....

....

....

....

....

....

....

....

Guest Name

Special Message

....

....

....

....

....

....

....

....

....

....

....

....

....

....

....

....

....

Guest Name

Special Message

....

....

....

....

....

....

....

....

....

....

....

....

....

....

....

Guest Name

Special Message

....

....

....

....

....

....

....

....

....

....

....

....

....

....

....

....

Good Times

Good Times

Guest Name

....

....

....

....

Special Message

....

....

....

....

....

....

....

....

....

....

....

....

....

....

....

....

Guest Name

Special Message

....

....

....

....

....

....

....

....

....

....

....

....

....

....

....

....

....

....

Guest Name

Special Message

....

....

....

....

....

....

....

....

....

....

....

....

....

....

....

....

....

....

Guest Name

Special Message

....

....

....

....

....

....

....

....

....

....

....

....

....

....

....

Good Times

Good Times

Guest Name

Special Message

....

....

....

....

....

....

....

....

....

....

....

....

....

....

....

....

....

Guest Name

....

....

....

....

....

Special Message

....

....

....

....

....

....

....

....

....

....

....

....

....

....

Guest Name

Special Message

....

....

....

....

....

....

....

....

....

....

....

....

....

....

....

....

....

Guest Name

···

···

···

···

···

···

Special Message

···

···

···

···

···

···

···

···

···

···

···

···

···

···

···

···

Good Times

Good Times

Guest Name

....

....

....

....

....

....

Special Message

....

....

....

....

....

....

....

....

....

....

....

....

....

....

....

Guest Name

....

....

....

....

....

....

Special Message

....

....

....

....

....

....

....

....

....

....

....

....

....

....

Guest Name

....

....

....

....

....

Special Message

....

....

....

....

....

....

....

....

....

....

....

....

....

....

Guest Name

....

....

....

....

Special Message

....

....

....

....

....

....

....

....

....

....

....

....

....

....

Good Times

Good Times

Guest Name

··

··

··

··

··

Special Message

··

··

··

··

··

··

··

··

··

··

··

··

··

··

··

Guest Name

Special Message

....

....

....

....

....

....

....

....

....

....

....

....

....

....

....

....

....

....

....

Guest Name

······································

······································

······································

······································

······································

Special Message

······································

······································

······································

······································

······································

······································

······································

······································

······································

······································

······································

······································

······································

······································

Guest Name

....

....

....

....

....

....

Special Message

....

....

....

....

....

....

....

....

....

....

....

....

....

....

Good Times

Good Times

Guest Name

....

....

....

....

....

Special Message

....

....

....

....

....

....

....

....

....

....

....

....

....

....

Guest Name

Special Message

....

....

....

....

....

....

....

....

....

....

....

....

....

....

....

....

....

Guest Name

....

....

....

....

Special Message

....

....

....

....

....

....

....

....

....

....

....

....

....

....

Guest Name

Special Message

....

....

....

....

....

....

....

....

....

....

....

....

....

....

....

Good Times

Good Times

Guest Name

....

....

....

....

....

....

Special Message

....

....

....

....

....

....

....

....

....

....

....

....

....

....

Guest Name

Special Message

....

....

....

....

....

....

....

....

....

....

....

....

....

....

....

....

....

....

....

....

Guest Name

·····································

·····································

·····································

·····································

·····································

·····································

Special Message

·····································

·····································

·····································

·····································

·····································

·····································

·····································

·····································

·····································

·····································

·····································

·····································

·····································

·····································

·····································

Guest Name

Special Message

....

....

....

....

....

....

....

....

....

....

....

....

....

....

....

....

....

Good Times

Good Times

Guest Name

....

....

....

....

....

....

Special Message

....

....

....

....

....

....

....

....

....

....

....

....

....

....

Guest Name

....

....

....

....

....

....

Special Message

....

....

....

....

....

....

....

....

....

....

....

....

....

....

Guest Name

Special Message

....

....

....

....

....

....

....

....

....

....

....

....

....

....

....

....

....

....

Guest Name

Special Message

....
....
....
....
....
....
....
....
....
....
....
....
....
....
....

Good Times

Good Times

Good Times

Good Times

Gift Log

Gift	Gifted By	Thank you note sent?
....	....	....
....	....	....
....	....	....
....	....	....
....	....	....
....	....	....
....	....	....
....	....	....
....	....	....
....	....	....
....	....	....

Gift Log

Gift	Gifted By	Thank you note sent?
....	....	....
....	....	....
....	....	....
....	....	....
....	....	....
....	....	....
....	....	....
....	....	....
....	....	....
....	....	....
....	....	....

Gift Log

Gift	Gifted By	Thank you note sent?
....	....	....
....	....	....
....	....	....
....	....	....
....	....	....
....	....	....
....	....	....
....	....	....
....	....	....
....	....	....
....	....	....
....	....	....

Gift Log

Gift	Gifted By	Thank you note sent?

Gift Log

Gift	Gifted By	Thank you note sent?

Gift Log

Gift	Gifted By	Thank you note sent?

Gift Log

Gift	Gifted By	Thank you note sent?

Gift Log

Gift	Gifted By	Thank you note sent?

Gift Log

Gift	Gifted By	Thank you note sent?

Made in the USA
Monee, IL
14 December 2021